BEI GRIN MACHT SICH IHR WISSEN BEZAHLT

- Wir veröffentlichen Ihre Hausarbeit,
  Bachelor- und Masterarbeit

- Ihr eigenes eBook und Buch -
  weltweit in allen wichtigen Shops

- Verdienen Sie an jedem Verkauf

Jetzt bei www.GRIN.com hochladen und kostenlos publizieren

Bibliografische Information der Deutschen Nationalbibliothek:

Die Deutsche Bibliothek verzeichnet diese Publikation in der Deutschen National-bibliografie; detaillierte bibliografische Daten sind im Internet über http://dnb.d-nb.de/ abrufbar.

Impressum:

Copyright © 2018 GRIN Verlag
Druck und Bindung: Books on Demand GmbH, Norderstedt Germany
ISBN: 9783668849624

Dieses Buch bei GRIN:

https://www.grin.com/document/452194

Annika Jannasch

Was ist Liebe? Und wie das Erlernen von Liebesfähigkeit das Leben verändern kann

Im Vergleich zu Schriftstellern aus dem 20. Jahrhundert

GRIN Verlag

GRIN - Your knowledge has value

Der GRIN Verlag publiziert seit 1998 wissenschaftliche Arbeiten von Studenten, Hochschullehrern und anderen Akademikern als eBook und gedrucktes Buch. Die Verlagswebsite www.grin.com ist die ideale Plattform zur Veröffentlichung von Hausarbeiten, Abschlussarbeiten, wissenschaftlichen Aufsätzen, Dissertationen und Fachbüchern.

Besuchen Sie uns im Internet:

http://www.grin.com/

http://www.facebook.com/grincom

http://www.twitter.com/grin_com

Schkola Oberland Gymnasium-Freie Schule an der Haine

Schuljahr 2018/19

Fach: Ethik

Was ist Liebe?

Und wie das Erlernen von Liebesfähigkeit das Leben verändern kann

Annika Jannasch

Inhalt

1 Einleitung

„Lieben-lieben, das ist es. Lieben ist alles"[1]

In unserer heutigen Gesellschaft dreht sich vieles um Liebe, wie die große Liebe angeblich durch Fernsehshows oder über Internetseiten gefunden werden kann oder wie die Partnerschaft durch besonders innovative Liebesspielzeuge verbessert werden kann. Schon Kinder nehmen sich als Ziel vor, die große Liebe zu finden, zu heiraten und Kinder zu bekommen. Doch was ist überhaupt diese Liebe, wovon so viele meinen, alles darüber zu wissen? Und was kann wirkliche, reine Liebe alles in unserem Leben, in einer Welt, wo jedes scheinbare Glück etwas kostet, verändern? Dieser Frage möchte ich mit meiner Facharbeit auf den Grund gehen. Durch meine, schon Jahre andauernde Suche nach der Antwort auf die Frage, wie man ein erfülltes und wertvolles Leben führt, bin ich auf dieses Thema gestoßen, welches grundlegend für die Beantwortung dieser Frage ist.

In meinen Ausführungen spreche ich von der reinen Liebe, so wie sie sein sollte, oder sagen wir, wie sie Glück und Zufriedenheit schafft und nicht wie sie im Alltag praktiziert, oder durch Filme und Bücher propagiert wird. Da Liebe keine faktenbasierte Wissenschaft ist, kann ich natürlich keine Regeln für "richtige" Liebe wiedergeben, aber ich kann, meiner Meinung nach, wichtige Denkanstöße und Gedankengänge von Psychologen und Philosophen darstellen und in kurzer Form dem Leser eventuell neue Ideen vermitteln. Bei meinen Recherchen habe ich mich auf drei Schriftsteller des 20.Jhd. beschränkt, die im psychologischen, wissenschaftlichen und im philosophischen Bereich tätig waren bzw. sind. Sie haben in vielen Punkten unterschiedliche Auffassungen und Ideen, was unter anderem auch an der Zeit und den sozialen Entwicklungen, in denen sie ihre Gedanken aufgeschrieben haben, liegt. Keiner von ihnen beschreibt die Liebe unwiderlegbar richtig, denn es gibt nicht die Wahrheit, jeder sollte seine Wahrheit für sich finden. Der Kürze dieser Facharbeit geschuldet, kann ich nur lapidar für mich wichtige Ideen anschneiden. Dabei habe ich mir aus den drei Büchern, die für mich heute noch passendsten und wichtigsten Anregungen und Argumente herausgesucht, und versucht, sie nachvollziehbar und unter dem Anspruch, dass jeder Leser sich aus meinen Ausführungen etwas für sein Leben mitnehmen kann, auszuführen. Die Autoren sprechen, wenn über partnerschaftliche Liebe, nur über heterosexuelle Liebe. Dieser Umstand ist ebenfalls den gesellschaftlichen Umständen geschuldet, in denen diese Texte verfasst wurden. Mit diesen Ansichten stehen die Autoren im Widerspruch. Denn Liebe zwischen jedem wird gefordert, aber sexueller Austausch zwischen gleichgeschlechtlichen Menschen wird als Perversion angesehen. Ich möchte mich von diesen Ansichten distanzieren und meine Ausführungen auf die Liebe zwischen allen Geschlechtern ausweiten.

---

[1] Ingeborg Bachmann: zitiert von P. Lauster in: Die Liebe, Psychologie eines Phänomens. Rowohlt Taschenbuch Verlag GmbH, Reinbek, Dezember 1982, 44. Auflage September 2016 S. 9

2 Was ist Liebe?

„Die Liebe ist die Konzentration des Lebens, der Lebendigkeit und des Glücks."[2]
Liebe ist, nach Peter Lauster, ein deutscher Psychologe und Autor zahlreicher Selbsthilfebücher, die eigentliche Bestimmung des menschlichen Lebens.[3] Sie ist ein allgemeines Prinzip und nicht an eine oder wenige Personen gebunden. Sie kann sich in jedem Augenblick, durch eine sensitive Offenheit allem, was mich umgibt, zuwenden.[4] Wir müssen uns bewusst werden, dass lieben, ebenso wie glücklich leben eine Kunst ist, und nichts, was uns einfach so ohne nötige Kenntnisse und Erfahrungen gegeben wird, wenn es uns nicht schon von Kindheit an vorgelebt wurde.[5] Zu lieben macht glücklich, und umso mehr ein Mensch seine Umgebung liebt, umso glücklicher ist er, denn durch die Liebe oder auch Zuwendung, die er gibt, erkennt und erlebt er sich selbst im Gegenüber. Liebe zeigt sich in einem offenen Charakter, in Fürsorge, Verantwortungsgefühl und Achtung vor dem Anderen. Dabei ist es wichtig, echtes Interesse daran zu haben, dass der Andere wachsen, und sich entfalten kann, ohne auf eigene Vorteile und Zielvorstellungen aus zu sein.[6] Reife Liebe zeigt sich in einer Vereinigung, bei der die eigene Individualität und Integrität bewahrt bleibt, aber auch der Gegenüber in vollkommener Freiheit leben kann.[7] Um näher zu bringen, was reife Liebe bedeutet, möchte ich hier eine kurze Gegenüberstellung anführen: Die infantile Liebe sagt: Ich liebe, weil ich geliebt bin. Die reife Liebe sagt: Ich werde geliebt, weil ich liebe. Unreife Liebe sagt: Ich liebe dich, weil ich dich brauche. Reife Liebe sagt: Ich brauche dich, weil ich dich liebe.[8] Es gibt verschiedene Möglichkeiten, Liebe auszuleben. Zum Beispiel durch Partnerschaft, Freundschaft oder Elternliebe, aber wer grundsätzlich die Liebesfähigkeit beherrscht, fühlt Erfüllung in allem, was er tut, und nicht nur in bestimmten Situationen zu bestimmten Menschen, denn zu lieben ist eine Lebenseinstellung. „Wo Liebe ist, ist Sinn, Glückseligkeit, Frieden, Weisheit, Erleuchtung und Sein."[9]
Wir sind dahingehend der Tierwelt nicht nur mit unserem hochentwickelten Gehirn, sondern eben auch mit einer einzigartig komplexen Gefühlswelt überlegen, die jedoch in ihrer Wichtigkeit in unserer Gesellschaft viel zu oft unterschätzt, verdrängt und als unnütz abgetan wird.[10] „Die Liebe ist ein Geschenk des Lebens, das wir annehmen können oder das wir

---

[2] Vgl. P. Lauster: Die Liebe, Psychologie eines Phänomens. Rowohlt Taschenbuch Verlag GmbH, Reinbek, Dezember 1982, 44. Auflage September 2016 S. 233
[3] Vgl. Ebd. S. 174
[4] Vgl. Ebd. S. 117
[5] Vgl. Erich Fromm: Die Kunst des Liebens. Ullstein Verlag 1956, 62. Auflage Mai 2005 S. 15
[6] Vgl. Ebd. S. 37
[7] Vgl. Ebd. S. 31
[8] Vgl. Ebd. S. 53
[9] P. Lauster: Die Liebe, Psychologie eines Phänomens. Rowohlt Taschenbuch Verlag GmbH, Reinbek, Dezember 1982, 44. Auflage September 2016, S. 239
[10] Vgl. Ebd. S. 237

ausschlagen müssen. Wer es wirklich annehmen will, kann nicht mehr zurück in das traditionelle Denken von Treue, Besitz und Schicksal." [11]

2.1. Liebe und Partnerschaft

Wenn wir von Liebe sprechen, reden wir oft von der Liebe zu einer Person und dem Wunsch nach einem Menschen, mit dem ich mehr teilen kann, als mit allen anderen. Wir sehnen uns nach einer Partnerschaft und wollen dadurch dem Alleinsein entgehen und doch kann sich, durch "falsche" Liebesbeziehungen zwischen zwei Menschen, der Wunsch nach einem erfüllteren Leben sogar verschlechtern und zu Aggressionen, Depressionen und Frustration führen.[12] Das liegt an der allgemein sehr verdrehten Auffassung von Partnerschaft und Liebe, denn das Ziel von partnerschaftlicher Liebe sollten nicht große sogenannte "Liebesdramen", Herzschmerz und Verzweiflung sein. Der einzige Sinn von Liebe sollte Erfüllung sein. In der kapitalistischen Gesellschaft jedoch verlieben sich zwei Menschen ineinander, wenn sie glauben, das beste Objekt gefunden zu haben, das in Anbetracht ihres eigenen Tauschwerts erschwinglich ist. Natürlich wenden wir dieses Prinzip, ich gebe dir, gleichwertig zu dem, was ich bekomme, was unsere gesamte Gesellschaft bestimmt, auch auf der Beziehungsebene an, doch hat dieses Geschäftskonzept in der Liebe nichts zu suchen.[13]

Wenn eine Methode, egal in welchem Gebiet, so oft von Misserfolg und Rückschlägen gekennzeichnet wäre, gäbe es schon längst neue Ideen und Vorgehensweisen. Die Liebe jedoch ist das einzige Gebiet, dessen Herangehensweise nach mehrmaligem Scheitern trotzdem immer gleich bleibt.[14] Um diesem Scheitern, und dem damit verbundenen Unglücklichsein zu entgehen, müssen die Probleme von Liebesbeziehungen erkannt werden und das Prinzip Beziehung neu überdacht werden.

Was wir im Alltag unter Liebe verstehen, ist meist eine pervertierte Verwirrung von Gefühlen, Ängsten und Vorurteilen. Man erfährt durch das Beobachten der, in der Gesellschaft als "Liebe" propagierten, Beziehungen zwischen Menschen, viel über die psychischen Krankheiten der Menschen, die zwar von Liebe reden, nicht aber wissen, was sie ist. Zum Beispiel werden oft Liebe und Begierde als Einheit gesehen, weil man annimmt, wenn ein Mensch besonders eifersüchtig ist, ist die Liebe besonders stark, jedoch stehen Liebe und Begierde eher als Widerspruch zueinander,[15] denn besitzen zu wollen heißt, mit dem Denken Gewalt auszuüben und somit den Anderen in seiner Individualität zu stören.[16]

---

[11] Ebd. S. 55
[12] Vgl. P. Lauster: Die Liebe, Psychologie eines Phänomens. Rowohlt Taschenbuch Verlag GmbH, Reinbek, Dezember 1982, 44. Auflage September 2016 S. 172
[13] Vgl. Erich Fromm: Die Kunst des Liebens. Ullstein Verlag 1956, 62. Auflage Mai 2005 S. 14
[14] Vgl. P. Lauster: Die Liebe, Psychologie eines Phänomens. Rowohlt Taschenbuch Verlag GmbH, Reinbek, Dezember 1982, 44. Auflage September 2016S. 15
[15] Vgl. Ebd. S. 93
[16] Vgl. Ebd. S. 241

Einen liebesfähigen Menschen zeichnet nicht aus, viele besonders intensive und lange Partnerschaften gehabt zu haben, sondern sich vollkommen wach und ohne Besitz- und Zielansprüche einem Menschen zu öffnen und ihm völlige Freiheit der Entfaltung zu geben.

Wäre die Liebe so, ist sie selbst frei von Problemen, doch sobald sie zu einer festen Beziehung wird und das Denken und Besitzansprüche einsetzen, beginnen die Probleme. Es beginnt der Kampf zwischen zwei Wesen, die voneinander etwas erwarten, fordern und erhoffen. Dabei wird aus dieser überaus reinen und hohen Form der Liebe zwischen zwei Menschen, leider viel zu oft Begierde.[17] Wenn ich einen Menschen begehre, ist die Liebe verloren. Denn ich sehe nicht mehr den Menschen als vollkommene Einheit, sondern nur noch die Teile, die ich begehre. Ich liebe nicht, ich konsumiere den Menschen. Die Liebe begehrt nicht nach dem Besitz eines Menschen, sondern erfüllt sich an sich selbst, an einem begierdelosen Erkennen, sie entwickelt sich ohne Gier. Auch das Streben nach sexueller Erfüllung sollte sich begierdelos, aus gegenseitiger Liebe, in Unabhängigkeit ergeben.[18] Je größer die Fähigkeit ist, Menschen und Dingen ihre Freiheit zu lassen, ohne sie festzuhalten, desto größer ist die Wahrscheinlichkeit, dass sie dir in voller Schönheit erhalten bleiben.[19] Denn Liebe entsteht in Freiheit. Sie kommt und geht nach eigenen Prinzipien, man kann die Liebe oder den Partner nicht besitzen, denn Liebe ereignet sich im Augenblick. Ich erlebe diesen Augenblick, nehme ihn in mich auf, er macht mich glücklich. Durch diese Offenheit kann die Liebe aber natürlich auch ausbleiben, das muss ich genauso erleben können und nicht krampfhaft versuchen, die Liebe zu erzwingen oder sie festzuhalten.[20]

Ein weiterer Irrtum sind Beziehungen, die nur auf Komplimente, oder auch eine Art Verehrung beruhen. Diese Abhängigkeit und Verehrung führt zu einer Art Pseudoliebe oder abgöttischen Liebe, auch genannt die große Liebe. Sie ist von kurzer Dauer und meist sehr intensiv, jedoch verursacht sie bei ihrem Zerfall viel Schmerz, da die Konzentration auf diesen einen Menschen zu stark war, um danach, ohne ihn, einfach weiterleben zu können.[21] Eine Liebesbeziehung, die auf Komplimente, Lob und Anerkennung beruht, ist keine Liebe, sondern ein verzweifelter Selbstheilungsversuch, der Gegenüber soll mein Inneres stärken. Eine Beziehung bietet sich zwar an, um sich selbst in dem Anderen zu finden, wird jedoch oft ausgenutzt, um ein niedriges Selbstbewusstsein zu befriedigen. Doch niemand, außer uns selbst, kann uns fehlendes Selbstbewusstsein geben,[22] denn die Grundvoraussetzung für

---

[17] Vgl. P. Lauster: Die Liebe, Psychologie eines Phänomens. Rowohlt Taschenbuch Verlag GmbH, Reinbek, Dezember 1982, 44. Auflage September 2016 S. 176
[18] Vgl. Ebd. S. 95
[19] Vgl. Ebd. S. 245
[20] Vgl. Ebd. S. 149
[21] Vgl. Erich Fromm: Die Kunst des Liebens. Ullstein Verlag 1956, 62. Auflage Mai 2005 S. 115
[22] Vgl. P. Lauster: Die Liebe, Psychologie eines Phänomens. Rowohlt Taschenbuch Verlag GmbH, Reinbek, Dezember 1982, 44. Auflage September 2016 S. 96/97

Liebe ist ein autonomes Selbst und eigene Individualität.[23] „Liebe ist vollentfaltetes Selbstbewusstsein, das keiner Bestätigung bedarf." [24]

Sind wir mit uns selbst nicht im Einklang, wird mit Projektionsmechanismen versucht, den eigenen Fehlern aus dem Weg zu gehen, indem man sich mit den Schwächen und Fehlern des Partners beschäftigt. Die Mängel des Anderen werden vorgeworfen und versucht zu verändern, die eigenen werden übersehen. Bei vielen Menschen verwandeln sich so die Liebesbeziehungen in eine Beziehung gegenseitiger Projektionen, immer darauf bedacht, dem Anderen Vorwürfe zu machen und ihn zu erziehen. Oft werfe ich meine Schwächen meinem Partner vor, um von meinen Schwächen abzulenken.[25]   Ein weiteres großes Problem bei Partnerschaften und Liebesbeziehungen ist der Wunsch nach Erwiderung.[26] Wenn ich durch die Natur gehe, die Sonne spüre, die Blätter und Vögel höre und ihre Gesamtheit in mich aufnehme, erfüllt mich durch meine offenen Sinne meine Liebe und Zufriedenheit. Das allein erfüllt mich, ich erwarte keine Erwiderung der Liebe. Das wird jedem leicht verständlich sein. Doch wenn wir Liebe einem Menschen durch Zuneigung zeigen, wird es komplizierter, denn wir erwarten Erwiderung. Der Grund dafür liegt in unserer Kindheit und der Abhängigkeit von der Elternliebe. Das Baby ist mit seiner gesamten Persönlichkeitsentwicklung abhängig von der Mutterliebe. Das Geliebtwerden ist für das Baby existenznotwendig. Wenn diese Abhängigkeit nie überwunden wurde, bleibt diese infantile Liebe weiter bestehen.[27] Ebenso liegt dieser Drang, wie oben erwähnt, in der kapitalistischen Gesellschaft begründet, ich gebe dir gleichwertig, was du mir gibst. Wir sind mit der Einstellung vom Leben als ein faires Tauschgeschäft aufgewachsen. Wir müssen jedoch dem Drang nach Erwiderung absagen und uns von der kapitalistischen Gesellschaftsordnung frei machen, um wirkliche Liebe empfinden zu können, denn wichtig ist zu verstehen, dass die eigene Liebe zu geben mindestens genauso erfüllend sein kann, wie welche zu bekommen.[28][4] Wenn wir dieses Prinzip verstanden haben, sind wir fast immun gegen Trennungs- und Verlassensängste, denn wir können immer Liebe geben, auch wenn sie nicht erwidert wird. Wenn wir so leben, können Trennungen uns nicht in ein tiefes Loch der Einsamkeit und Verzweiflung stürzen, denn wir sind nicht abhängig von der Zuneigung des Anderen. Jeder Moment ist in seiner Vollkommenheit einzigartig und macht glücklich, solange wir sensitiv offen der Welt gegenüberstehen und Liebe geben. Liebe lässt sich nicht fixieren, alles entsteht, vergeht und entsteht neu. Das Neue vergeht und stirbt, um wiederum etwas Neuem Platz zu machen, nichts darf festgehalten werden, denn alles befindet sich in einem ständigen Wandel. Was jetzt jedoch nicht falsch verstanden werden darf ist, dass wir

---

[23] Vgl. Ebd. S. 98
[24] Ebd. S. 98
[25] Vgl. Erich Fromm: Die Kunst des Liebens. Ullstein Verlag 1956, 62. Auflage Mai 2005, S. 117
[26] Vgl. P. Lauster: Die Liebe, Psychologie eines Phänomens. Rowohlt Taschenbuch Verlag GmbH, Reinbek, Dezember 1982, 44. Auflage September 2016, S. 94
[27] Vgl. Ebd. S. 70
[28] Vgl. Erich Fromm: Die Kunst des Liebens. Ullstein Verlag 1956, 62. Auflage Mai 2005, S. 149

keine Trauer mehr empfinden dürfen. Natürlich können wir um einen Menschen oder ein anderes Lebewesen trauern, wenn es aus irgendwelchen Gründen fort ist. Jedoch sollte diese Trauer offen und ohne sie zu verdrängen, durchlebt werden, um danach neue Begegnungen und Erlebnisse spüren zu können und nicht ein Leben lang von dieser Trauer überschattet zu sein und unglücklich und einsam zu leben.[29]

2.1.1 Warum treu sein nicht gleich lieben ist

Die Liebe kann und sollte etwas Alltägliches sein. Der Mensch kann nicht nur eine, oder höchstens zwei große Lieben erleben. Wenn er wirklich liebesfähig ist, kann er Liebe zu vielen Menschen empfinden, da er sich seiner Umgebung, und allem was ihn umgibt, offen zuwendet.[30] Ein wirklich liebender Mensch, für den nur die Liebe zählt, ist nicht treu, schon gar nicht ein Leben lang. Ein Mensch der liebt, bleibt der Liebe treu, aber für ihn ist es wichtiger zu lieben, als treu zu sein. Das heißt aber nicht, dass wirklich liebesfähige Menschen keine längere Liebe zu einem anderen Menschen empfinden können und ständig Abwechslung brauchen. Ein liebesfähiger Mensch kann denselben Menschen zwar immer wieder lieben, aber versteht nicht, warum er nicht gleichzeitig noch andere Menschen lieben sollte.[31] Diese reine Liebesfähigkeit zeigt sich in der so genannten Polygamie, dem freien Ausleben der Liebe und Zuneigung zu den verschiedensten Menschen, das jedoch in der westlichen Gesellschaft noch weitgehend verachtet oder belächelt wird, da es nicht in das konventionelle/traditionelle Denken der Lebens- und Wirtschaftsgemeinschaft passt. Natürlich hat jeder Mensch andere Vorstellungen, durch andere Menschen glücklich zu werden, ob es nur einer, oder eben viele verschiedene sind, doch wir sollten uns bewusst werden, dass viele verschiedene Menschen zu lieben, nicht unbedingt heißt, mit jedem körperlich zu werden. Es geht grundsätzlich darum, dass wir nicht alle unsere Bedürfnisse und Wünsche auf einem Menschen abladen können und verlangen, dass dieser uns vollkommen erfüllt. Auch ist es andersherum eine große Belastung, wenn alle Sehnsüchte nach anderen Menschen abgestellt werden müssen, nur weil man sich in einer Beziehung befindet. Diese Ansichten führen meist zu Streit und großer Unzufriedenheit. Eine Liebesbeziehung zu führen soll nicht heißen, eingeschränkter und fest gebunden zu sein, sondern im Gegenteil, es sollten sich durch sie neue Möglichkeiten ergeben, in völliger Freiheit zu leben, und sich freiwillig einem Menschen zuzuwenden. Mit dem stoischen Treusein beweist ein Mensch also nicht, dass er seinen Partner uneingeschränkt liebt, sondern nur, dass er alle seine Gefühle zu anderen Menschen unterdrückt.

---

[29] Vgl. P.Lauster, Die Liebe Psychologie eines Phänomens, 1980, S. 244
[30] Vgl. P. Lauster: Die Liebe, Psychologie eines Phänomens. Rowohlt Taschenbuch Verlag GmbH, Reinbek, Dezember 1982, 44. Auflage September 2016, S. 52
[31] Vgl. Ebd. S. 53

2.1.2 Liebe und Sexualität

Ein zerstörerischer, hassender, unaufmerksamer Mensch kann nicht lieben, er kann nur Sex haben. Denn Sexualität ist nicht, wie allgemein gedacht, der stärkste Ausdruck von Liebe, sondern spielt eine untergeordnete Rolle, da Sexualität primär durch Hormone und den Arterhaltungstrieb und nicht durch die Gefühle geregelt ist. Viele Menschen verspüren häufiger den Drang nach sexueller Befriedigung durch hormongesteuerte Triebe, als den Drang zu lieben.[32] Denn Sexualität funktioniert ganz ohne Liebe, genauso, wie es für die Liebe keiner Sexualität bedarf. Die Liebe eines Kindes zu Tieren, Blumen, sich selbst und den Mitmenschen ist völlig asexuell, weil es keine sexuelle Befriedigung erwartet. Aber es ist trotzdem tiefe, sinnliche Liebe, die psychisches Wohlbefinden erzeugt. Meist ist diese völlig asexuelle Liebe von Kindern viel intensiver und erfüllender, als die Liebe der meisten Erwachsenen. Ein weiterer Irrtum ist, die Fähigkeit zu lieben setze mit der Geschlechtsreife ein. Jedoch sollte die Ausprägung der Liebesfähigkeit schon voll entwickelt sein, wenn die Geschlechtsreife einsetzt. Sexualität kommt nur als neue Erlebnismöglichkeit hinzu, sie sollte nicht die Basis einer erfüllenden Beziehung sein, denn Liebe beschränkt sich nicht auf Sexualität.[33] Für den vertrauend-liebesfähigen Menschen ist diese neue Möglichkeit eine beglückende Erfahrung und kann eine Ausdrucksweise seiner Liebe sein.[34]

Der Mensch verwendet Sexualität, um seine Abgetrenntheit von der Natur, von der Verbindung mit der Mutter, für kurze Zeit zu überbrücken,[35] und das Verlangen nach Einheit auszudrücken.[36] Nach dem ersten Weltkrieg hielt man sexuelle Befriedigung für die Grundlage einer befriedigenden Liebesbeziehung. Ratgeber versprachen, dass sich die Liebe bei der Anwendung richtiger Techniken schon einstellen würde. Diese Ansicht wurde unter anderem auch von dem Psychologen Sigmund Freud unterstützt und ist bis heute in der Überbewertung der sexuellen Befriedigung zu sehen.[37] Dabei ist es genau andersherum. Sexuelle Probleme sind gelöst, wenn ein Mensch lernt, sich von Hass und Angst frei zu machen, und fähig ist zu lieben. Umfassende Kenntnisse über Sexualtechniken bringen nichts, wenn diese Fähigkeit nicht vorhanden ist.[38]

---

[32] Vgl. P. Lauster: Die Liebe, Psychologie eines Phänomens. Rowohlt Taschenbuch Verlag GmbH, Reinbek, Dezember 1982, 44. Auflage September 2016, S. 234
[33] Vgl. Ebd. S. 233
[34] Vgl. Ebd. S. 92
[35] Vgl. Ebd. S. 21
[36] Vgl. Ebd. S. 47
[37] Vgl. Erich Fromm: Die Kunst des Liebens. Ullstein Verlag 1956, 62. Auflage Mai 2005, S. 105
[38] Vgl. Ebd. S. 104

2.2 Freundschaft

Eine weitere wichtige Art, Liebe auszuleben, ist Freundschaft. Sie ist eine völlig unterschätzte Liebesart, da sie die am wenigsten "natürliche" Liebe ist. Vergleicht man sie mit der überlebensnotwendigen Mutterliebe oder der Notwendigkeit der körperlichen Zuneigung, ist sie eher schmächtig und nicht notwendig. Auch wird oft die Beziehung zwischen zwei Menschen durch den Satz: „Wir sind nur gute Freunde." als peripher verunglimpft. Trotzdem sollte sie jeder Mensch zu jeder Lebenslage haben, denn sie ist noch wichtiger als Partnerschaft. C.S. Lewis, ein irischer Gelehrter, nennt sie die stille, lichte, vernünftige Welt frei gewählter Beziehungen.[39] Freundschaft ist eine andere Ebene des sich aufeinander Einlassens. Wahre Freundschaft ist eine Beziehung zwischen verschiedenen Personen auf dem höchsten Stand der Individualität, eine Vereinigung ohne jeglichen Zwang zwischen Menschen, die ähnliche Ideen, Interessen oder Vorstellungen teilen. Dadurch kennt Freundschaft keine Eifersucht. Kommen andere dazu, mit ähnlichen Fragen und Ideen, können sie diese Gruppe nur bereichern.[40] Wie Dante in seiner Göttlichen Komödie schrieb: „Hier kommt einer, unsre Lieb´ zu mehren. [...] teilen heißt nicht schmälern." [41]

In der Freundesliebe lösen sich auch gesellschaftliche Rollen, wie Mutter/Vater, Vorgesetzte/r, Ehemann/Ehefrau oder Untergebene/r auf. Es geht in der Freundschaft nur um die Persönlichkeit, es ist irrelevant, welche Rollen und Aufgaben wir außerhalb dieser Freundschaft zu erfüllen haben.[42] Dadurch ermöglicht uns Freundschaft ein seelisches Fallenlassen und ist besonders wichtig für unsere Psyche.

Wer jedoch viele Freunde hat, beweist nicht unbedingt, dass er ein offenes Herz für verschiedene Menschen hat. Er zeigt Zuneigung zu Menschen mit ähnlichen Interessen. Doch neben der Freundschaft, die wir uns aussuchen können, ist die Weiterzigkeit zu den verschiedensten Menschen wichtig, da wir uns zwangsläufig tagtäglich zwischen Menschen wiederfinden, die anders als wir denken und handeln, Menschen, die nicht unsere Freunde und uns fremd sind. Ein weiterziger Mensch versteht es, auch in alltäglichen Begegnungen mit anderen Menschen, etwas Liebenswertes zu empfinden. Die Leute einfach wahrnehmen, leben lassen, sie anlächeln, sich über sie freuen und sie schätzen, für das, was sie sind. Sie sind und bleiben sie selbst, seltsam und doch wertvoll. Auch das ist eine Art liebevolle Zuwendung zu unserer Umgebung.[43]

---

[39] Vgl. C. S. Lewis: Was man Liebe nennt. aus dem englischen "The four Loves: Affection-Friendship-Eros-Charity" 1960 von Dorothee Degen-Zimmermann im Brunnen Verlag Basel 7. Taschenbuchauflage 2004, S. 65
[40] Vgl. Ebd. S. 68
[41] Ebd. S. 68
[42] Vgl. Ebd. S. 76
[43] Vgl. Ebd. S. 43

3 Das Erlernen der Liebesfähigkeit

Viele sind der Meinung zu lieben sei einfach, nur den richtigen Partner zu finden sei schwierig.[44] Die Menschen sehnen sich nach Liebe, nach Glück, Erfüllung und dem Geborgensein, doch wissen nur wenige, dass Liebe geben nachhaltiger und erfüllender ist, als das reine Bekommen und nur die wenigsten gehen davon aus, etwas aktiv dafür beitragen zu müssen. Trotz unserer Sehnsucht nach Liebe setzen wir viel mehr Energie in Erfolg, Macht und Geld, auch um dadurch eventuell liebenswürdiger zu werden. Wir halten es nicht für wichtig oder ertragreich genug, für etwas Energie aufzuwenden, das unserer Seele nützt.[45] Die Liebe zur Welt entwickelt sich durch offene sinnliche Erfahrungen, der so genannten Sensitivität. Als Kind haben wir eine große Sensitivität und erleben alles viel intensiver und auch verliebter. Als Erwachsene in der Industriegesellschaft kommt uns diese Fähigkeit jedoch immer mehr abhanden. Durch den täglichen, routinierten Alltagstrott stumpfen die Sinne immer weiter ab. Leistung, Sachlichkeit, Intellekt und Erfolg sind erwünscht. Das Fühlen und Emotionen sind außerhalb der Unterhaltungsbranche eher unerwünscht. Wenn das Gehirn voll ist mit Gedanken an Geld, Konsum, Absicherung, Erziehung etc. geht die Sensitivität und somit das liebevolle, bewusste Wahrnehmen der Welt immer mehr verloren.

Das Vermögen zu lieben bringt jeder Mensch von Geburt an mit, aber dieses Vermögen muss erst zu einer Fähigkeit entwickelt werden.[46] Doch auch einmal erlangt, müssen wir uns um diese Offenheit jeden Tag neu kümmern.[47] Wichtig ist, dass Lieben, wie jede Kunst, keine Theorie ist, sondern nur praktisch umgesetzt erreichbar ist. Es gibt kein allgemeingültiges Prinzip. Das hier Geschriebene muss jeder für sich selbst zwanglos ausprobieren und umsetzen,[48] denn lieben ist kein Willensakt, zur Liebe kann man nicht zwingen, es ist wie jedes Gefühl. Wir können uns kein Gefühl aufzwingen.

---

[44] Vgl. Erich Fromm: Die Kunst des Liebens. Ullstein Verlag 1956, 62. Auflage Mai 2005, S. 12
[45] Vgl. Ebd. S. 16
[46] Vgl. P. Lauster: Die Liebe, Psychologie eines Phänomens. Rowohlt Taschenbuch Verlag GmbH, Reinbek, Dezember 1982, 44. Auflage September 2016, S. 232
[47] Vgl. Ebd. S. 245
[48] Vgl. Ebd. S. 63

3.1 Grundlagen der Liebesfähigkeit

In den vorherigen Abschnitten habe ich schon einige Vorgehensweisen angedeutet und möchte nun die wichtigsten Grundvoraussetzungen für die Fähigkeit zu lieben näher erklären. Der wichtigste Grundsatz der Liebe ist zu geben, denn wahre, erfüllende Liebe ist es, Aufmerksamkeit und Zuwendung zu geben, nicht darauf aus zu sein, sie zu bekommen. Das Bekommen ist eine schöne Folgeerscheinung, aber es sollte nicht zur Bedingung werden, glücklich zu sein, denn durch die Sucht nach dem Bekommen machen wir uns abhängig und leiden an neurotischen Störungen verschiedenster Art. Ein enttäuschter, zurückgewiesener Mensch zieht sich zurück, vermeidet das Geben und sucht nur nach dem Bekommen. Die Angst, nicht geliebt zu werden, ist umso stärker, wenn Erlebnisse dieser Art unverarbeitet in der Seele zurückgeblieben sind.[49] Doch der Schmerz, der aufkommt, wenn er Liebe nicht empfängt, führt zu der Lust, Anderen zu schaden. So ist enttäuschte Liebe meist der Grund für boshaftes, hasserfülltes Handeln und Reaktionen wie Hass, Zerstörung, Depression und Mord resultieren aus diesem psychischen Schmerz, aus Ablehnung oder Gleichgültigkeit der Liebe.[50] Doch können wir diesem Lauf entgehen. Die Einstellung zur Liebe an sich bedarf jedoch einer Veränderung. Um dem Schmerz der Enttäuschung nicht ausgeliefert zu sein, darf Lieben nicht die Erwartung von Geben und Bekommen sein. Wer es einmal erfahren hat merkt, dass Liebe zu geben glücklich macht, auch wenn wir mal keine Liebe zurückerhalten. Wer nicht nach Gegenliebe fragt, kann keinen psychischen Schmerz nach deren Verlust erleben.[51] Die Liebe zu einer Pflanze oder einem Tier ist viel einfacher, weil sie risikolos ist, sie können uns nicht verletzen. Wir erwarten von ihnen auch keine Erwiderung, wir lieben einfach. Um einen Menschen zu lieben, muss man ihn ganz in sich aufnehmen, man muss sich auf ihn einlassen und ungeschützt vor Verletzungen sein.[52] Dieser Schritt ist nicht einfach und wirkt unsicher, doch um sich einem Menschen und der Umgebung zu öffnen, ist es wichtig, ohne Erwartungen, mit Vertrauen, gefühlsoffen und verletzlich zu leben.[53]   „Lieben heißt, daß wir uns dem anderen ohne Garantie ausliefern, daß wir uns der geliebten Person ganz hingeben in der Hoffnung, daß unsere Liebe auch in ihr Liebe wecken wird."[54] Liebe zu geben, ohne eine Gegenleistung zu erwarten, ist ein schwieriges Unterfangen. Nur die wenigsten haben diese Fähigkeit als Selbstverständlichkeit in ihrer Kindheit gelernt,[55] doch jeder kann es lernen, durch eine offene und liebende Zuwendung zu allem Lebendigen ohne das Bedürfnis nach materiellem Besitz.

---

[49] Vgl. P. Lauster: Die Liebe, Psychologie eines Phänomens. Rowohlt Taschenbuch Verlag GmbH, Reinbek, Dezember 1982, 44. Auflage September 2016, S. 128
[50] Vgl. Ebd. S. 176
[51] Vgl. Ebd. S. 177
[52] Vgl. Ebd. S. 127
[53] Vgl. Ebd. S. 182
[54] Vgl. Erich Fromm: Die Kunst des Liebens. Ullstein Verlag 1956, 62. Auflage Mai 2005, S. 145
[55] Vgl. P. Lauster: Die Liebe, Psychologie eines Phänomens. Rowohlt Taschenbuch Verlag GmbH, Reinbek, Dezember 1982, 44. Auflage September 2016, S. 64

Die liebesfähige Einstellung erstreckt sich dabei nicht nur auf Menschen des anderen Geschlechts, sondern auf alles, was die Sinne erfassen können. Jemand der vorgibt, seine Familie zu lieben, aber im Beruf Menschen vernichtet oder tötet, besitzt keine Liebesfähigkeit, weil diese partielle Liebe keine wirkliche Liebe ist, da er sich dauerhaft im Zustand der Lieblosigkeit befindet. Dies ist zwar ein extremes Beispiel, aber beschreibt sehr gut das Problem. Denn wir zeigen den ganzen Tag lang Zuwendung. Sobald wir mit einem Lebewesen interagieren, wenden wir uns ihm zu. Nach Peter Lauster ist die meiste Zuwendung der Menschen aber hassend. Hassende Zuwendung ist Aufmerksamkeit unter dem Aspekt zu verneinen, zu verachten, zu vernichten. Die liebende Zuwendung jedoch ist positiv, lebensbejahend, sie ist die Einstellung, die über Lebensfreude entscheidet. Nur die lebensbejahende Zuwendung kann zu Glück und Liebe führen.[56] Man kann lernen, sich anderen Menschen bewusst zuzuwenden, dafür verlässt man die Passivität und wird aufmerksamer, wacher, bewusster, die Sinne schärfen sich. Zuwendung ist natürlich nicht nur gegenüber Menschen, sondern gegenüber allem, was mich umgibt, was im Moment geschieht, was existiert. Kinder besitzen die Fähigkeit zur Zuwendung da sie sich ständig Dingen, Tieren oder Pflanzen ganz zuwenden und sie vollkommen wahrnehmen. Dadurch sind sie liebesfähiger als die meisten Erwachsenen, die durch ihren eintönigen Alltag und dem Interessenverlust an der Umgebung viel ihrer sensitiven Wahrnehmungsfähigkeit verlieren. Wer den ganzen Tag im Büro sitzt, dann einkaufen geht und abends die Zeit vorm Fernseher oder PC verbringt, hat viel abgestumpftere Sinne als ein Kind, das in jeder Wurzel, jedem Stein und jedem Baum eine neue Schönheit erkennt und dadurch neue Ideen und ganze Welten entstehen.[57] Diese sensitive Offenheit können wir uns bewahren, wenn wir uns bewusst der Welt zuwenden, Orte finden, die nicht trist und lieblos sind und uns in Anderen wiederfinden, indem wir ihnen herzensoffen gegenüberstehen. Sobald man sich selbst jemandem zuwendet, befindet man sich im Zustand der Liebe. Zuwendung ist Aufmerksamkeit, Achtsamkeit und Wachheit gegenüber den Anderen, aber nicht eine kritische Wachsamkeit, um Fehler zu entdecken, sondern eine interessierte, positive und Verständnis bereite Wachsamkeit.[58] Wenn wir liebesfähig sind, also die Fähigkeit zur sensitiven Aufmerksamkeit besitzen, dann stellt sich die Liebe auf zwanglose Weise von selbst ein.[59] Ich brauche nicht auf die Liebe zu warten. Sie ist in mir, wenn ich alle Sinne öffne und das Neue in jedem Moment erkenne, dann liebe ich.[60] Doch für diese sensitive Aufmerksamkeit, diese bewusste, liebevolle Offenheit benötigt es noch weitere Voraussetzungen.

---

[56] Vgl. P. Lauster: Die Liebe, Psychologie eines Phänomens. Rowohlt Taschenbuch Verlag GmbH, Reinbek, Dezember 1982, 44. Auflage September 2016, S. 63
[57] Vgl. Ebd. S. 62
[58] Vgl. Ebd. S. 61
[59] Vgl. Ebd. S. 165
[60] Vgl. Ebd. S. 235

„L´amour est l´enfant de la liberté" - Die Liebe ist das Kind der Freiheit. [61]

Die Achtung vor Anderen geht nur, wenn ich selbst unabhängig und frei bin.[62] Liebe kann sich nur in gegenseitiger Freiheit, ohne Zwänge, Ängste und Regeln entwickeln. Aus dieser Freiheit folgt die Bedeutungslosigkeit von gesellschaftlichen Verhältnissen. Es ist wichtig, den Menschen und sein Inneres zu erkennen, nicht aber welche Herkunft, welches Einkommen oder wie viel Erfolg er hat. Dadurch bekommt auch das Wort Schönheit eine neue Bedeutung und ist nicht mehr abhängig von den aktuellen Mode- und Wertemaßstäben. Schön ist, wer ein schönes Inneres hat.[63] Um diesen gesellschaftlichen Werten abzusagen, muss das Denken still werden. Der Verstand und das Denken gelten als wichtig, Gefühle jedoch werden eher als tierische Triebe angesehen. Dabei sollten Fühlen und Denken in Harmonie stehen. Das Denken ist wichtig, um rationale Aufgaben lösen zu können. Die liebende Wahrnehmung aber sollte frei sein von Denken, denn die Offenheit der Sinne ist die Grundlage für das menschliche Erleben.[64] Mit dem ständigen Gebrauch des Verstandes zerstören wir unsere Liebesfähigkeit. Sobald das Denken und der Verstand versuchen, die Liebe zu kontrollieren, ist die Sensitivität gebremst.[65] Das Denken muss zur Ruhe kommen, wenn sich Liebe entfalten soll.[66]

Liebe ist außerdem ein Prinzip der Zeitlosigkeit. Sie sucht Erfüllung im Augenblick, sie fragt nicht nach später.[67] Viele schmieden Pläne mit dem Partner für die Zukunft oder wiegen sich in der Vergangenheit, in den Erinnerungen an schöne Momente, doch dadurch nehmen sie die Gegenwart nicht aktiv wahr und scheitern daran, nicht den Moment wahrzunehmen.[68] So wichtig die Zuneigung und der Austausch mit anderen Menschen ist, umso wichtiger ist es, Alleinsein zu können. Denn das Erleben jeder Situation findet in mir selbst statt, also muss ich auch lernen können, mir selbst zuzuhören und allein glücklich zu sein. Die eigene seelische Zufriedenheit und Freiheit liegt im sensitiven Erleben des Alleinseins. Wenn ich mich meiner Individualität stelle, können sich Glück, Selbstbewusstsein, Liebe und Freiheit entfalten.[69]

---

[61] Erich Fromm: Die Kunst des Liebens. Ullstein Verlag 1956, 62. Auflage Mai 2005, S. 40
[62] Vgl. Ebd. S. 40
[63] Vgl. P. Lauster: Die Liebe, Psychologie eines Phänomens. Rowohlt Taschenbuch Verlag GmbH, Reinbek, Dezember 1982, 44. Auflage September 2016, S.120
[64] Vgl. Ebd. S. 100
[65] Vgl. Ebd. S. 99
[66] Vgl. Ebd. 1980, S. 123
[67] Vgl. Ebd. 1980, S. 147
[68] Vgl. Erich Fromm: Die Kunst des Liebens. Ullstein Verlag 1956, 62. Auflage Mai 2005, S. 116
[69] Vgl. P. Lauster: Die Liebe, Psychologie eines Phänomens. Rowohlt Taschenbuch Verlag GmbH, Reinbek, Dezember 1982, 44. Auflage September 2016, S. 115

„Alleinsein ist eine existentielle Aufgabe, die ich während meines Lebens lösen muss, ohne zu fliehen."[70] Auch dies ist eine Kunst, die Disziplin, Konzentration und Geduld erfordert,[71] denn oft flüchten wir in Geselligkeit oder andere Ablenkung, um den eigenen Gedanken zu entgehen.[72] Es ist wichtig, ein Gespür für sich selbst zu entwickeln und das Denken abschalten zu können, um die Ursache für die eigenen Gefühlsregungen zu ergründen und ihnen nachzugehen. Was ist mit mir los, warum bin ich traurig? Diese Konzentration kann nur gelingen, wenn man in seinem Umfeld Menschen hat, die Konzentration, Liebesfähigkeit und Integrität besitzen, denn ohne Vorbilder können solche Erfahrungen schwer gemacht werden.[73]

3.2 Grundlagen in der Erziehung

Liebesfähigkeit ist nicht angeboren, sie ergibt sich nicht von selbst und sie ist auch nicht automatisch mit der Ausreifung der Geschlechtsorgane vorhanden. Dies ist ein weit verbreiteter Irrtum, beruhend auf der Gleichsetzung von Liebe und Sexualität.[74] „ [...] die Fähigkeiten des Kindes, zu lieben, glücklich zu sein und seine Vernunft zu gebrauchen [...] sind die Saat, die wächst und die zum Vorschein kommt, wenn die richtigen Voraussetzungen für ihre Entwicklung gegeben sind, die aber auch im Kern erstickt werden kann, wenn diese Voraussetzungen fehlen."[75] Ein Kleinkind lernt in der erster Lebensphase, vor allem durch die Mutterliebe, ob es seiner Umgebung vertrauen kann oder nicht,[74] denn die Mutterliebe ist die erste Liebe, die der Mensch erfährt und sie bleibt, je nach Intensität, ein Leben lang Grundlage für die Liebeserfahrungen.[76] Doch die meisten Kinder werden schon durch ihre Erziehung gefühlsmäßig gestört und haben deshalb ein Leben lang Probleme mit Liebesbeziehungen und Offenheit. Die meisten Kinder erleben sich erst als liebenswert, wenn sie Forderungen richtig erfüllen, sie haben die Erfahrung, dass es verdient sein muss, geliebt zu werden, doch natürlich wäre selbstverständliche Liebe. Eltern sollten ihren Kindern zeigen, dass ihre Liebe nicht abhängig von den Leistungen des Kindes ist, sondern jederzeit selbstverständlich und an keine Bedingungen gebunden.[74]

Das Kind ist abhängig von der Elternliebe, dadurch lebt es in Angst davor, die Liebe der Eltern zu verlieren. Würden die Eltern ihre Kinder richtig erziehen, mit wirklicher Liebe, würde diese Angst keine Rolle spielen, doch die meisten Kinder erhalten nicht die Liebe, die es

---

[70] P. Lauster: Die Liebe, Psychologie eines Phänomens. Rowohlt Taschenbuch Verlag GmbH, Reinbek, Dezember 1982, 44. Auflage September 2016, S. 115
[71] Erich Fromm: Die Kunst des Liebens. Ullstein Verlag 1956, 62. Auflage Mai 2005, S. 124-125
[72] Vgl. P. Lauster: Die Liebe, Psychologie eines Phänomens. Rowohlt Taschenbuch Verlag GmbH, Reinbek, Dezember 1982, 44. Auflage September 2016, S.114
[73] Erich Fromm: Die Kunst des Liebens. Ullstein Verlag 1956, 62. Auflage Mai 2005, S. 133
[74] Vgl. P. Lauster: Die Liebe, Psychologie eines Phänomens. Rowohlt Taschenbuch Verlag GmbH, Reinbek, Dezember 1982, 44. Auflage September 2016, S. 83/84
[75] Erich Fromm: Die Kunst des Liebens. Ullstein Verlag 1956, 62. Auflage Mai 2005, S. 141
[76] Vgl. P. Lauster: Die Liebe, Psychologie eines Phänomens. Rowohlt Taschenbuch Verlag GmbH, Reinbek, Dezember 1982, 44. Auflage September 2016, S. 61

benötigt, um Vertrauen zu den Menschen, der Welt und sich selbst zu entwickeln. Durch diesen Verlust des Vertrauens in die eigene Liebesfähigkeit und die des Gegenübers entsteht später in der Partnerschaft Misstrauen. Auch entstehen durch die Angst des Verlusts der Elternliebe später Trennungsängste und durch das Klammern an eine Beziehung wird Schutz und Sicherheit gesucht.[77]

Auch bei einem harten Erziehungsstil durch Tadel, Kritik und Strafe ist die Fähigkeit des Kindes, unvoreingenommen, offen und positiv der Welt gegenüberzutreten, gestört und zeigt sich in einer neidischen, destruktiven Haltung. Das Kind sammelt uneingestanenen Hass auf die Unterdrücker und wird in seiner Lebendigkeit behindert.[78]

Um diese seelischen Fehlbildungen zu verhindern, müssen Eltern ihren Kindern durch ihre reine, unverdiente Liebe Sicherheit und Vertrauen vorleben. Die Mutterliebe ist eine reine Form, ich werde geliebt weil ich bin. Das Kind muss nichts aktiv dazu beitragen, geliebt zu werden, die Liebe der Mutter (des Vaters) braucht man nicht zu verdienen oder zu erwerben.[79]

Um Kindern von Grund auf beizubringen, ein liebesfähiges, glückliches Leben zu führen, müssten in unserem Erziehungs- und Bildungssystem grundlegende Reformen angestrebt werden. Die Übermittlung von menschlichen Wesenszügen, vom Ausleben der eigenen Gefühlsregungen, wie wir uns Anderen unvoreingenommen zuwenden und von reifen, liebenden Eigenschaften ist viel wichtiger, als die stoische Übertragung stumpfen Wissens.[80]

Kindern muss vorgelebt werden, wie sie sich offen ihrer Umgebung zuwenden können. Eine solche Erziehung würde unsere Gesellschaft grundlegend verändern und Probleme wie Hass, Ausgrenzung und Neid würden nicht mehr existieren.

---

[77] Vgl. P. Lauster: Die Liebe, Psychologie eines Phänomens. Rowohlt Taschenbuch Verlag GmbH, Reinbek, Dezember 1982, 44. Auflage September 2016, S. 45
[78] Vgl. Ebd. S. 160
[79] Vgl. Erich Fromm: Die Kunst des Liebens. Ullstein Verlag 1956, 62. Auflage Mai 2005, S. 52
[80] Vgl. Ebd. S. 134

4 Wie das Lieben unser Leben verändern kann

Laut Peter Lauster liegt in der Kunst zu lieben der Sinn des Lebens[81] und Erich Fromm ist der Meinung, die Liebe sei "die einzig vernünftige und befriedigende Lösung des Problems der menschlichen Existenz."[82] Wir sprechen also nicht über ein kleines Gefühl, eine bloße Idee. Wir sprechen von einem lebens- und weltverändernden Prinzip, von dem tiefsten und realsten Bedürfnis eines jeden menschlichen Wesens. Dieses in den Schatten gerückte Bedürfnis muss wieder neue Bedeutung erlangen, um die grundlegendsten Probleme der Menschheit zu lösen.[83]

Mit seiner komplexen Gefühlswelt ist der Mensch einzigartig, und doch werden in unserer Gesellschaft Intelligenz, das Denken und Wissen als das Kernstück der menschlichen Erhabenheit angesehen. Diese Dinge werden gefördert und verehrt, mit den eigenen Gefühlen und Empfindungen jedoch wird jeder allein gelassen. Dabei liegt das Glück nicht in möglichst hoher Intelligenz, sondern in der Gefühlswelt. Denn was bringt hohes Wissen, wenn wir seelisch nicht erfüllt und unglücklich sind.[84] Der Verstandesmensch erkennt nur den Sinn und Zweck, langweilt sich bei sich wiederholenden Erfahrungen und findet nichts an Gefühlen und Empfindungen. Der sensitive Mensch erlebt jeden Augenblick in neuer Frische neu. Egal wie oft er zum Beispiel einen Waldspaziergang macht, die Wirklichkeit wird nie alt und langweilig, da jeder Moment einzigartig ist. Durch das richtige Anwenden von Intelligenz als Funktion und Liebesfähigkeit als seelischer Balsam kann so das eigene Leben enorm bereichert werden.[85] Ein Mensch, der nicht nur schlau, sondern wirklich weise ist, weiß seine Intelligenz als Werkzeug in den richtigen Situationen einzusetzen, aber davon unberührt sein ganzes seelisches Leben ohne der Einschränkung des Denkens voll sensitiv auszuleben.[86] Liebe wird immer noch als eine Art Unterhaltung und Randerscheinung angesehen, eventuell als die kleine, süße Spitze auf dem Berg des Lebens, aber Liebe sollte eine Lebenseinstellung sein, denn Liebe ist lebensnotwendig. Dieser Fakt kann nachgewiesen werden. Wenn Kleinkinder zu wenig Liebe bekommen, erkranken sie an Hospitalismus, einer psychosomatischen Störung. Ein Erwachsener aber kann fehlende Zuwendung unbeschadet entbehren, aber wenn er selbst nicht fähig ist, sich liebend der Umgebung zuzuwenden, wird auch er seelisch verkümmern und sich immer weiter abhärten. Dieses Abwenden führt zu Zerstörung, Hass und Verzweiflung.[87]

---

[81] Vgl. P. Lauster: Die Liebe, Psychologie eines Phänomens. Rowohlt Taschenbuch Verlag GmbH, Reinbek, Dezember 1982, 44. Auflage September 2016, S. 189
[82] Erich Fromm: Die Kunst des Liebens. Ullstein Verlag 1956, 62. Auflage Mai 2005, S. 150
[83] Vgl. Erich Fromm: Die Kunst des Liebens. Ullstein Verlag 1956, 62. Auflage Mai 2005, S. 151
[84] Vgl. P. Lauster: Die Liebe, Psychologie eines Phänomens. Rowohlt Taschenbuch Verlag GmbH, Reinbek, Dezember 1982, 44. Auflage September 2016, S. 237
[85] Vgl. Ebd. S. 101
[86] Vgl. Ebd. S. 238
[87] Vgl. P. Lauster, Die Liebe Psychologie eines Phänomens, 1980, S. 240/241

All diese Probleme können nur mit einer bewussten Offenheit der Sinne gelöst werden. Psychische Probleme können nicht mit dem Denken oder Verdrängung gelöst werden, sondern nur mit der seelischen Instanz der Sensitivität. Wenn ich traurig bin, muss ich diese Traurigkeit erleben und durchfühlen, damit sie sich langsam auflösen kann. Mit aktivem Willen können solche Gefühle nur unterdrückt werden.[88] Psychisch gesunde Menschen respektieren und belassen den Anderen in seiner Individualität. Die Beziehung zwischen Menschen hat nur einen gemeinsamen Nenner, die Liebe, alles andere spielt eine untergeordnete Rolle. Es ist wichtig für eine Beziehung psychisch gesund zu sein, im Reinen mit sich selbst zu sein.[89] Das Ziel für ein glückliches Leben ist die reife Liebe als autonomer Mensch, der keinen manipuliert und auch selbst nicht manipuliert werden kann und will. Sie ist die Fähigkeit, einen Anderen zu lieben, ohne zu fragen, wiedergeliebt zu werden.[90] Seelisches Wohlbefinden entspringt aus dieser Fähigkeit zur reinen Liebe. Wenn ich nicht selbst liebe, nützt mir die Liebe Anderer wenig, denn die Seele bleibt leer.[91]

Wie ich nun hoffentlich oft genug erklärt habe, ist fehlende Liebe und Zuwendung der Grund für fast alle gesellschaftlichen Probleme. Würde jeder Mensch die Liebesfähigkeit teilen, würden wir in einer viel friedlicheren, toleranten und vor allem gerechteren Welt leben.

„Man stelle sich vor, welch wunderbare Fortschritte auf einen Schlag erzielt würden, wenn absolute Wahrhaftigkeit unter den Menschen herrschte! Mit welcher Schnelligkeit würde unsere Erde ein Paradies werden!"[92]

Doch um die Liebe von einer höchst individuellen Randerscheinung zu einem gesellschaftlichen Phänomen zu machen, müssten radikale Veränderungen in den Gesellschaftsstrukturen vorgenommen werden, das Soziale, Liebevolle müsste über allem Profit und Wertvorstellungen stehen, aber dies ist wohl doch eher eine Utopie.[93] Da die Gesellschaft wohl nie einen solchen Umbruch erleben wird, ist es trotzdem ein wichtiger und bedeutender Schritt, sich selbst als Individuum, losgelöst von diesen Wertvorstellungen einer liebenden Lebenseinstellung zuzuwenden, um für sich selbst und seine Umgebung das Leben zu verschönern.

---

[88] Vgl. P. Lauster: Die Liebe, Psychologie eines Phänomens. Rowohlt Taschenbuch Verlag GmbH, Reinbek, Dezember 1982, 44. Auflage September 2016, S. 109
[89] Vgl. Ebd. S. 169
[90] Vgl. Ebd. S. 73
[91] Vgl. Ebd. S. 232
[92] Auguste Rodin: zitiert von P. Lauster in: Die Liebe, Psychologie eines Phänomens. Rowohlt Taschenbuch Verlag GmbH, Reinbek, Dezember 1982, 44. Auflage September 2016, S. 189
[93] Erich Fromm: Die Kunst des Liebens. Ullstein Verlag 1956, 62. Auflage Mai 2005, S. 150

5 Zusammenfassung

Wer nicht geliebt wird oder lieben kann, erleidet psychischen Schmerz. In unserer Gesellschaft gilt dieses Thema als tabu oder irrelevant, dabei ist es so wichtig, denn die liebende Zuwendung der meisten Menschen ist und mit verdrängtem psychischen Schmerz behaftet. So sind etwa 90% der Menschen in ihrer Liebesfähigkeit komplexhaft gestört und haben Probleme, Zuneigung zu zeigen und offen zu sein. Für ein glückliches und gesundes Leben muss diese Störung überwunden werden,[94] denn wir können nur glücklich und psychisch gesund werden, wenn wir uns diesen Schmerzen stellen und die Fähigkeit, Liebe zu empfinden und zu geben in ihrer Ganzheit entfalten. Diese seelische Gesundheit kann darüber entscheiden, ob wir ein glückliches, oder schmerzerfülltes Leben führen, und ist somit ein enorm wichtiges Thema.[95]

Ich habe mit dieser komplexen Leistung viel über die Psyche der Menschen erfahren und wie Liebe zu einem glücklicheren Leben führen kann und ich bin der Meinung, dieses Wissen ist eine wichtige Grundlage für mein weiteres Leben, in dem ich versuchen werde, diesbezüglich noch praktische Erfahrungen zu sammeln. Meiner Meinung nach ist die Vorstellung von dauerhafter positiver Offenheit jedoch sehr utopisch, wenn ich mir das Leben in unserer Welt betrachte. Uneingeschränkte, wirkliche Liebe zu allen Lebewesen ist, denke ich, für den Menschen ein unerreichbares Ziel und deshalb vielleicht auch eine Gott zugeschriebene Eigenschaft. Das Denken, und auch das kritische Hinterfragen ist im Alltag für mich auch ein sehr wichtiger und interessanter Teil, den ich ungern missen will. Das Ziel ist, so viel wie möglich Zufriedenheit in den eigenen Handlungen zu finden, denn wir haben nun mal alle unumgängliche Pflichten, also warum denen nicht positiv gegenübertreten.

Das Wichtigste, das ich gelernt habe und in meiner komplexen Leistung versucht habe, klar zu machen ist, dass die Liebe kein eigenes abgeschlossenes System, als Randerscheinung in einer "wichtigeren" Welt ist, sondern, dass zu lieben heißt, zu leben. Mit einer liebesfähigen Lebenseinstellung können wir die höchste und erfüllendste Form von Leben und Freiheit erreichen und ist es nicht genau das, was jeder von uns anstrebt.

„Wir sollten Liebe geben ohne etwas zu erwarten, nur dann sind wir offen für die ganze Schönheit, für das Glück ohne Einschränkungen, und wir können akzeptieren: Du bist frei, ich bin frei, lasst uns diese Freiheit genießen. In dieser Freiheit liegt die ganze Schönheit des Lebendigen."[96]

---

[94] Vgl. P. Lauster: Die Liebe, Psychologie eines Phänomens. Rowohlt Taschenbuch Verlag GmbH, Reinbek, Dezember 1982, 44. Auflage September 2016, S. 177
[95] Vgl. Ebd. S. 23
[96] Ebd. S. 178

Literaturverzeichnis

Literatur:

- Peter Lauster: Die Liebe, Psychologie eines Phänomens. Rowohlt Taschenbuch Verlag GmbH, Reinbek, Dezember 1982, 44. Auflage September 2016
- Erich Fromm: Die Kunst des Liebens. Ullstein Verlag 1956, 62. Auflage Mai 2005
- Clive Staples Lewis: Was man Liebe nennt. aus dem englischen "The four Loves: Affection-Friendship-Eros-Charity" 1960 von Dorothee Degen-Zimmermann im Brunnen Verlag Basel 7. Taschenbuchauflage 2004